오늘
나에게
주는
행복

HAPPY DIARY

1

어린 시절 많은 추억을 만들어준 장난감은?

2

어떤 영화 속
주인공이 되고 싶은가?

3

나를 긍정적으로 변화시킨 책에 대해

4

걱정을 즐거움으로 바꾸는 게임들

5

영원히 변하지 않았으면
하는 것들

6

행복했던
여행의 순간들

7

얼굴을 보기만 해도
힘이 되는 사람은?

8

나의 가장
오래된 친구에 대해

9

생각만 해도
설레는 행사가 있다면

10

최근 가장
감동을 받았던 선물은?

11

사랑하는 사람에게
주고 싶은 선물은?

12

죽을 때까지
절대 잊을 수 없는
하루가 있다면

13

내가 보낸 최고의 생일

14

내 방 가득 모으고 싶은 것들

15

사람의 마음을
얻고 싶을 때
사용하는 방법은?

16

좋아하는 단어의 목록

🌿 17 🌿

나와 어울리는 색은?

18

커피와 함께
먹으면 좋은 것들

19

평생 질리지 않을
메뉴는?

20

항상 옆에 끼고 다니는 간식거리가 있다면

21

친구보다 가까운
반려동물에 대해

22

마냥 귀여운 것들

23

내가 좋아하는 장소에 대해

24

죽기 전에 꼭 한 번
가보고 싶은 곳은?

25

사막을 즐겁게 여행하는 방법은?

26

나를 행복하게 하는
일상의 풍경에 대해

27

내가 의지하고
신뢰하는 것들

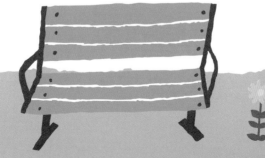

28

내가 살고 싶은
집은?

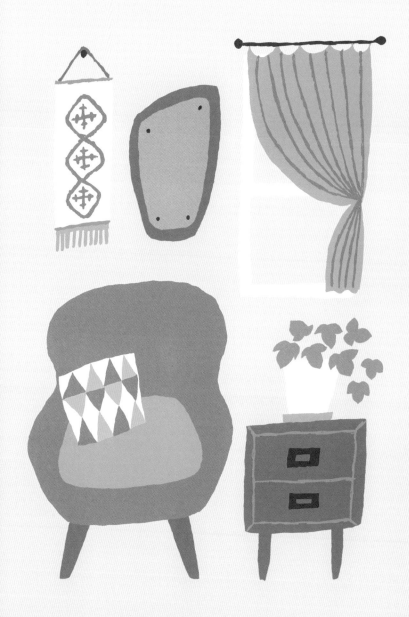

29

내 물건 중 가장 쓸모 있는 것은?

30

아름답다는 말이 잘 어울리는 것들

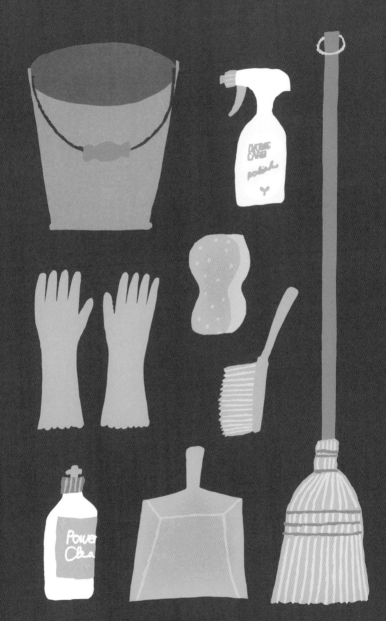

31

내게 뿌듯함과
만족함을 주는
집안일은?

32

지금 당장
끝내고 싶은 일에 대해

33

내일 이루어졌으면
하는 바람은?

34

하루라도 빼먹을 수
없는 것들

35

혼자 할 때
즐거운 것들

36

매일 반복해도
지겹지 않은 일은?

37

만지면 기분이
좋아지는 것들

38

하루를 더 반짝이게 하는
작은 것들

39

오늘 기억하고 싶은
한 가지에 대해

40

나를 조금 더 건강하게 만드는 것들

41

우울할 때
나를 다독이는
소소한 방법들

42

내 인생
최고의 찬사는?

43

언제 들어도
좋은 말들

44

꽃다발을 받았던
특별한 날들에 대해

45

한 달 동안
이루어낸
작은 승리들

46

돌이켜보면
감사한 일들

47

나를 설레게 하는
이성의 행동은?

48

비 오는 날
우산이 되어준
추억들

49

수십 번도 더 본 영화 속 장면은?

50

스트레스를 한 방에 날려주는
TV 프로그램은?

✸ 51 ✸

이번 휴가 때 읽고 싶은 책들

52

나의 상상력을
깨워주는 캐릭터는?

53

닮고 싶은
만화주인공은?

54

나에게
영감을 준
예술작품이 있다면

55

좋아하는
글귀 또는
영화 대사는?

→ 56 ←

나의 플레이리스트에 담긴 음악에 대해

57

내 귀를 즐겁게 하는 소리들

58

좋아하는 향에 대해

59

나를 황홀하게
만들었던 풍경은?

60

첫 데이트 장소로
추천하고 싶은 곳은?

61

날씨 좋은 날
하고 싶은 것들

62

봄, 여름, 가을, 겨울에 대한
짧은 생각들

63

지금 가장
관심 있는 주제는?

64

어떤 상황에서도
나를 매료시키는
것이 있다면

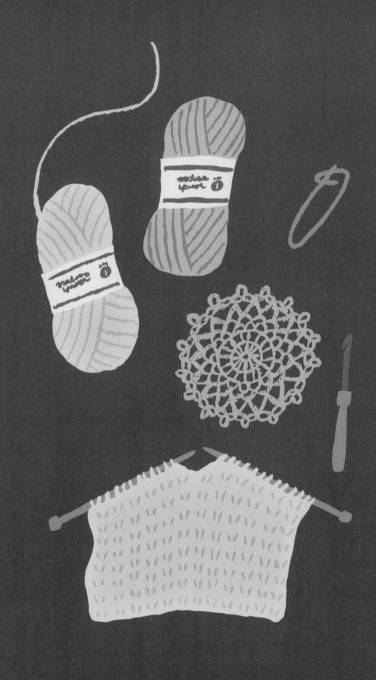

65

내 손으로 직접
만들 수 있는 것들에 대해

66

대부분 잘 모르는 나의 특기는?

67

다른 사람들이 칭찬하는 나의 장점은?

68

예상치 못한 곳에서
찾아온 행운들

69

환상적이었던
첫 번째 경험들에 대해

70

지금 내 심장을 미치도록 뛰게 하는 것은?

71

지칠 때 나를 위로하는 것들

72

거부하기 힘든 달콤한 유혹들에 대해

73

공부나 일하기
싫을 때 하는
공상은?

74

최근에 가장
기뻤던 순간은?

75

내가 꿈꾸는
이상적인
주말 아침은?

76

여유로운 아침
혼자 마시고 싶은
차는?

77

맥주 한 잔, 하면
생각나는 사람은?

78

잠들기 전 하루를
마무리하는
나만의 방법

79

하루 중
가장 집중하는
시간은?

80

나에게 자신감을
심어주는 사람들은?

81

편안한 옷, 신발, 액세서리에 대해

82

나를 가장 나답게 하는 것

83

나의 매력적인 부분은?

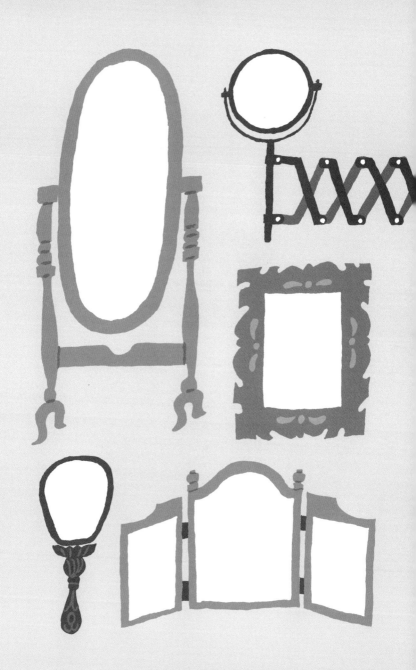

84

내가 더 좋은 사람이
되도록 하는 것들

85

나를
웃게 만드는
사람은?

86

존경할 수 있는
사람에 대해

87

나에게
용기를 주는
한 줄

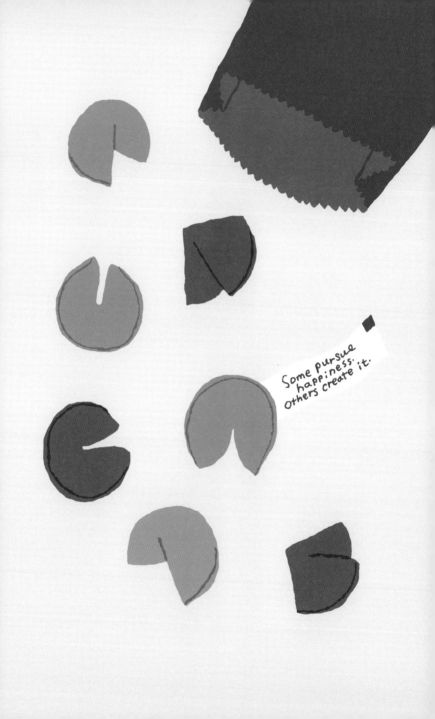

Some pursue
happiness.
Others create it.

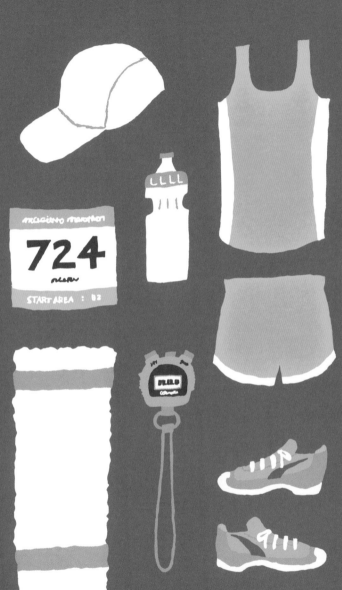

88

지금껏 살면서
가장 자랑할 만한
성과는?

89

나를 배신하지 않았던
노력의 열매들

90

함께하는 것만으로도
좋은 공동체는?

91

나의 멘토에 대해

92

나는 어떤 멘토가
되고 싶은가?

93

내가 꿈꾸는
이상형은?

94

나에게 없어서는
안 되는 것들

95

내가 생각하는
행복한 가정이란

96

내가 누군가에게
주고 싶은
지혜의 한 조각은?

97

내가 나에게
하고 싶은 말

98

내 아이에게
주고 싶은 행복은?

99

내가 받은 셀 수 없는
축복들에 대해

오늘 나에게 주는 행복

1판 1쇄 인쇄 2016년 12월 14일
1판 1쇄 발행 2016년 12월 22일

지은이 에이브람스 노터리

발행인 양원석
편집장 김건희
책임편집 박민희
디자인 RHK 디자인연구소 현애정, 김미선
일러스트 히로코 요시모토
해외저작권 황지현
제작 문태일
영업마케팅 이영인, 양근모, 박민범, 이주형, 이선미, 이규진, 김수연, 신미진

펴낸 곳 ㈜알에이치코리아
주소 서울시 금천구 가산디지털2로 53, 20층 (가산동, 한라시그마밸리)
편집문의 02-6443-8859　**구입문의** 02-6443-8838
홈페이지 http://rhk.co.kr
등록 2004년 1월 15일 제2-3726호

ISBN 978-89-255-6074-8 (03040)